HÄDECKE

Mini-Krapfen

Rezepte Kevin Crafts
Fotos Erin Kunkel

Inhalt

Alles über Mini-Krapfen

Das Besondere an den Mini-Krapfen in diesem Buch ist, dass sie nicht im Öl frittiert, sondern in einer speziellen Pfanne gebacken werden.

Das köstliche Gebäck stammt aus Dänemark, wo man es *Æbleskiver* nennt. Es wird dort traditionell als Snack oder Dessert serviert. Obwohl das Wort *Æbleskiver* «Apfelscheiben» bedeutet, werden die luftig-leichten Köstlichkeiten heute meist mit Puderzucker bestreut und mit einer Fruchtsauce serviert.

Die Zutaten für Mini-Krapfen sind normalerweise in jeder Küche vorrätig: Milch, Eier und Mehl. Außerdem benötigt man eine spezielle Pfanne mit runden Vertiefungen. Der Teig ist schnell zubereitet, das Ausbacken so einfach, dass man die Rezepte nach Lust und Laune variieren kann – ob süß oder pikant, gefüllt oder ungefüllt, mit Obst oder Gemüse, Karamell, Schokolade, Käse, Fleisch und sogar Meeresfrüchten.

Dieses Buch bietet über 40 Rezepte für diese kleinen Leckereien, die sich perfekt als von Kindern geliebtes Frühstück, origineller Snack, Appetizer, Zwischenmahlzeit oder krönendes Dessert eignen. Die Möglichkeiten sind fast unendlich!

Mini-Krapfen einst und jetzt

DIE GESCHICHTE
Der Ursprung der *Æbleskiver* oder Mini-Krapfen, wie wir sie nennen, ist umstritten. Eine Legende berichtet von Wikingern, die einst hungrig von einer Schlacht zurückkehrten. Als Bratpfanne verwendeten sie ihre beschädigten Schilde, in deren Ausbuchtungen sie eine Art Krapfen backten.

Dänemarks Äcker und Felder liefern alle Zutaten, die man für die Mini-Krapfen benötigt. Das Land ist auch berühmt für seine Äpfel *(ebler),* die zur ursprünglichen Bezeichnung *Æbleskiver* führten.

Erfunden wurden die Mini-Krapfen bereits vor mehreren Jahrhunderten, aber noch heute werden sie in Dänemark traditionell zu Festtagen – besonders an Weihnachten – und anderen Familienfesten oder gesellschaftlichen Feierlichkeiten serviert. Die spezielle Pfanne zum Backen sind Erbstücke; sie wird von einer Generation an die nächste weitergegeben (mehr auf Seite 11).

Variationen in Hülle und Fülle

Obwohl *Æbleskiver* wortwörtlich «Apfelscheibe» bedeutet und im eigentlichen Sinne einen mit Äpfeln gefüllten Mini-Krapfen meint, hat jede dänische Familie ihr Rezept, das nicht unbedingt Äpfel benötigt. Einige Familien machen den Teig mit Milch, andere ziehen Buttermilch vor, einige verwenden Backpulver als Triebmittel, andere schwören auf Hefe. Einige verfeinern den Teig mit Kardamom, andere mit Muskatnuss. Und während manche Großmutter in alter Manier Apfelsauce zu den Mini-Krapfen reicht, serviert die Tochter ihren Gästen vielleicht Himbeerkonfitüre dazu.

Dank ihrer einfachen Zubereitung und der fast unbegrenzten Variationsmöglichkeiten liegen Mini-Krapfen bei Köchinnen und Köchen von heute besonders hoch im Kurs. Auf den folgenden Seiten finden Sie zahlreiche Rezeptideen – von traditionell bis ausgefallen. Lassen Sie sich einfach inspirieren!

Die richtigen Utensilien

Abgesehen von der traditionellen Gusseisenpfanne benötigt man keine besonderen Utensilien für die Zubereitung der Mini-Krapfen. Mit Messbecher und Waage ist man perfekt ausgestattet. Zum Schlagen des Eischnees eignet sich ein Stabmixer oder ein Schneebesen. Mit zwei Holzstäbchen oder dünnen Glasurmessern lassen sich die Mini-Krapfen schnell und einfach wenden (siehe Seite 14).

Gusseisenpfanne

Die meisten heute erhältlichen Pfannen sind rund und haben einen Durchmesser von 17 bis 25 Zentimeter und sieben Vertiefungen. Moderne Pfannen sind aus Gusseisen und emailliert. Alte Pfannen sind gelegentlich aus Kupfer, sie eignen sich aber weniger gut. Traditionelle Pfannen findet man auf Flohmärkten und beim Antiquitätenhändler.

Moderne Pfannen (sie eignen sich auch für Induktion) werden rasch und gleichmäßig warm. Dank der Emailbeschichtung lassen sich die Mini-Krapfen leicht herauslösen, auch wenn Füllung auf die Pfannenoberfläche gelangt. Die Pfanne ist in gut sortierten Haushaltwarengeschäften erhältlich und kann auch online bestellt werden.

1
2
4

Teigzubereitung

Mini-Krapfen sind einfach zuzubereiten, man braucht nur wenige Zutaten und einfachste Handgriffe. Keine Angst vor dem Eischnee: Der Teig ist sehr geduldig!

1 Trockene Zutaten vermengen In einer großen Schüssel Mehl, Zucker, Backpulver und Salz vermengen. Je nach Rezept Nüsse, Maismehl, Mohn oder Gewürze hinzufügen.

2 Flüssige Zutaten vermengen In einer kleinen Schüssel Eigelbe, Milch, flüssige Butter / Erdnussbutter und Gewürze verrühren.

3 Flüssige Zutaten zu trockenen Zutaten geben Mit einer Holzkelle rühren, bis die Zutaten gut vermischt sind.

4 Eiweiß schlagen Eiweiß in einer Schüssel mit einem Mixer auf hoher Stufe steif schlagen. Der Eischnee hat die richtige Konsistenz, wenn sich feste Spitzen gebildet haben.

5 Teig lockern Etwa ein Drittel des Eischnees auf den Teig geben und mit dem Teigschaber vorsichtig unterheben, bis alles gut vermengt ist.

6 Teig fertigstellen Restlichen Eischnee unterheben, vorsichtig mischen, bis keine weißen Spuren mehr sichtbar sind. Darauf achten, dass der Teig nicht zusammenfällt. Restliche Zutaten nach Rezept hinzufügen. Die Masse sofort verarbeiten.

Mini-Krapfen füllen und ausbacken

Köstlich gefüllte Mini-Krapfen sind leicht zuzubereiten. Damit sie gleichmäßig gebacken werden, sollte man zügig arbeiten. Aber das Füllen, Backen und Wenden ist ein Kinderspiel.

1 Pfanne einfetten Die Vertiefungen mit flüssiger Butter gleichmäßig einpinseln. Je nach Rezept bei schwacher bis mittlerer Hitze auf die Herdplatte stellen. Pfanne erwärmen.

2 Teig einfüllen Wenn sich Butterbläschen gebildet haben, den Teig mit einem Eisportionierer (30 ml Inhalt) oder zwei Suppenlöffeln (einen Löffel mit dem Teig füllen, mit dem zweiten Löffel glatt streichen) portionieren. Je nach Rezept ein bis drei Esslöffel Teig in jede Vertiefung füllen (der Eisportionierer fasst zwei Esslöffel.)

3 Füllung hinzufügen Nur die halbe Teigmenge in die Vertiefung geben. Zügig einen Teelöffel Füllung – auf dem Bild Himbeerkonfitüre – in die Mitte geben. Mit etwa einem Esslöffel (einem halben Eisportionierer) Teig bedecken.

4 Backen Die untere Seite drei bis fünf Minuten backen, bis sich in der Mitte Bläschen bilden und die Mini-Krapfen leicht gebräunt und unten gebacken sind.

5 Wenden Mit zwei Holzstäbchen vorsichtig wenden.

6 Unterseite Etwa drei Minuten backen, bis sie leicht gebräunt ist, mit den Holzstäbchen herausnehmen und auf einen Teller oder eine Servierplatte legen. Warm stellen.

1
2
3
4
5
6

Tipps und Tricks

Aller Anfang ist schwer – möglicherweise brauchen Sie ein bis zwei Versuche, bis Sie mit der Zubereitung der Mini-Krapfen vertraut sind. Die folgenden Tipps werden Ihnen helfen, den richtigen Dreh herauszufinden.

- Füllen Sie den Teig systematisch in die Pfanne: Geben Sie die erste Portion in die Vertiefung in der Mitte, die nächste Portion in 12-Uhr-Position darüber und füllen Sie dann die restlichen Vertiefungen im Uhrzeigersinn.

- Gehen Sie beim Füllen und Wenden genauso im Uhrzeigersinn vor und beginnen Sie immer in der Mitte. So werden die Mini-Krapfen gleichmäßig gebacken.

- Warten sie, bis sich in der Mitte der Mini-Krapfen Bläschen bilden; nun können sie gewendet werden.

- Es ist ganz normal, wenn der Teig beim Wenden im Inneren noch etwas flüssig ist. Der Teig fließt auf den Boden und umhüllt beim weiteren Ausbacken die Mini-Krapfen und gibt ihnen die typische runde Form.

- Entfernen Sie nach dem Einfüllen des Teiges mit einem feuchten Küchenpapier Teigspuren von der Pfanne, damit sich die Mini-Krapfen leicht herauslösen lassen und nicht brechen.

- Lassen Sie gefüllte Minikrapfen, besonders wenn sie mit Konfitüre oder einem ähnlichen Lebensmittel gefüllt sind, vor dem Essen leicht auskühlen und weisen Sie Gäste oder Familienmitglieder auf heiße Füllungen hin.

EIER

Eier trennt man am besten im kalten Zustand. Eiweiß lässt sich aber bei Raumtemperatur besser vermengen. Wenn Sie Zeit haben, trennen Sie die gekühlten Eier und lassen Sie sie vor dem Schlagen etwa 30 Minuten bei Zimmertemperatur stehen.

Ohne Füllung

Einfach, aber fein

Den Auftakt machen Mini-Krapfen mit Puderzucker. Dann werden sie geschmacklich immer vielseitiger, mit Zimt, Schokolade, Kokosflocken, Heidelbeeren und vielem mehr.

Klassische Mini-Krapfen

1 Portion Grundteig, Seite 98

1 EL Butter, zerlassen und leicht abgekühlt

Puderzucker zum Bestäuben

Backofen auf 100 °C vorheizen.

Die Pfannenvertiefungen mit etwas zerlassener Butter einfetten, Pfanne auf der Herdplatte bei mittlerer Hitze erwärmen. Wenn sich Butterbläschen bilden, etwa 3 EL Teig in jede Vertiefung geben (Seite 14). Unterseite 3 bis 5 Minuten backen, bis sich oben in der Mitte der Mini-Krapfen Blasen bilden. Mini-Krapfen mit zwei Holzstäbchen wenden (Seite 14), etwa 3 Minuten backen, bis auch die zweite Seite leicht gebräunt ist.

Mini-Krapfen auf einer Platte im Ofen warm stellen. Vor dem Servieren mit Puderzucker bestäuben.

Ergibt 21 Mini-Krapfen
für 4 bis 7 Portionen

Zimt-Mini-Krapfen

1 Portion Grundteig,
Seite 98

2 TL Zimtpulver

1 Msp frisch geriebene
Muskatnuss

1 EL Butter, zerlassen
und leicht abgekühlt

Rohrohrzucker

Teig nach Rezept zubereiten, dabei Zimtpulver und Muskatnuss unter die trockenen Zutaten mischen.

Die Pfannenvertiefungen mit etwas zerlassener Butter einfetten, die Pfanne auf der Herdplatte bei mittlerer Hitze erwärmen. Zügig ½ TL Rohrohrzucker in jede Vertiefung füllen, 3 bis 5 Minuten erhitzen, bis der Zucker geschmolzen ist. Etwa 3 EL Teig in jede Vertiefung füllen (Seite 14). Unterseite 3 bis 5 Minuten backen, bis sich oben in der Mitte der Mini-Krapfen Blasen bilden. Mit zwei Holzstäbchen wenden (Seite 14), etwa 3 Minuten backen, bis auch die zweite Seite leicht gebräunt ist.

Mini-Krapfen auf einen Teller geben, 5 Minuten abkühlen.

Ergibt 21 Mini-Krapfen
für 4 bis 7 Portionen

Ahornsirup-Pekannuss-Krapfen

1 Portion Vanilleteig, Seite 99

120 g Pekannüsse

125 ml Ahornsirup

1 EL Butter, zerlassen und leicht abgekühlt

Pekannüsse in der Bratpfanne bei mittlerer Hitze rösten, bis sie duften. Leicht abkühlen lassen. Pekannüsse hacken.

Teig nach Rezept zubereiten, dabei die Hälfte der Pekannüsse unter die trockenen Zutaten mischen und die Hälfte des Ahornsirups unter die flüssigen Zutaten rühren.

Backofen auf 100 °C vorheizen.

Restliche Pekannüsse in drei Portionen teilen.

Die Pfannenvertiefungen mit etwas zerlassener Butter einfetten, die Pfanne auf der Herdplatte bei mittlerer Hitze erwärmen. ½ TL Ahornsirup in jede Vertiefung geben. Eine Portion Pekannüsse gleichmäßig in die Vertiefungen verteilen. Etwa 3 Minuten erhitzen, bis der Ahornsirup Bläschen hat, 3 EL Teig in jede Vertiefung füllen (Seite 14). Unterseite 3 bis 5 Minuten backen, bis sich oben in der Mitte der Mini-Krapfen Blasen bilden. Mit zwei Holzstäbchen wenden (Seite 14), etwa 3 Minuten backen, bis auch die zweite Seite leicht gebräunt ist.

Mini-Krapfen auf einer Platte im Ofen warm stellen.

Ergibt 21 Mini-Krapfen
für 4 bis 7 Portionen

Mini-Krapfen mit Schokoladen-tropfen

1 Portion Grundteig, Seite 98

150 g Schokoladen-tropfen

1 EL Butter, zerlassen und leicht abgekühlt

Teig zubereiten, dabei Schokoladentropfen mit der zweiten Portion Eischnee unter den Teig heben.

Backofen auf 100 °C vorheizen.

Die Pfannenvertiefungen mit etwas zerlassener Butter einfetten, Pfanne auf der Herdplatte bei mittlerer Hitze erwärmen. Wenn sich Butterbläschen bilden, etwa 3 EL Teig in jede Vertiefung geben (Seite 14). Unterseite 3 bis 5 Minuten backen, bis sich oben in der Mitte der Mini-Krapfen Blasen bilden. Mit zwei Holzstäbchen wenden (Seite 14), etwa 3 Minuten backen, bis auch die zweite Seite leicht gebräunt ist.

Mini-Krapfen auf einer Platte im Ofen warm stellen.

Ergibt 21 Mini-Krapfen
für 4 bis 7 Portionen

Kokos-Mini-Krapfen

Der viele Eischnee in Kombination mit den Kokosnussflocken gibt dem Gebäck eine leichte meringueartige, an Kokosmakronen erinnernde Füllung.

75 g Weißmehl / Type 550

1 Msp Backpulver

1 Msp Salz

4 Eier

125 ml Milch

½ TL Vanilleextrakt

60 g Puderzucker

120 g gesüßte Kokosnussflocken

1 EL Butter, zerlassen und leicht abgekühlt

Mehl, Backpulver und Salz in einer Schüssel mischen. 2 Eigelbe (restliche Eigelbe anderweitig verwenden), Milch und Vanilleextrakt in einer separaten Schüssel verrühren, mit einer Holzkelle unter das Mehl rühren.

Das Eiweiß schaumig schlagen, jeweils 20 g Puderzucker aufs Mal unterrühren und immer wieder gut schlagen, am Schluss weiterschlagen, bis der Eischnee steif ist (Seite 13).

Ein Drittel des Eischnees unter den Teig heben. Restlichen Eischnee mit 90 g Kokosflocken unterheben, sorgfältig und gleichmäßig mischen.

Backofen auf 100 °C vorheizen.

Die Pfannenvertiefungen mit etwas zerlassener Butter einfetten, Pfanne auf der Herdplatte bei mittlerer Hitze erwärmen. Wenn sich Butterbläschen bilden, in jede Vertiefung wenig Kokosflocken streuen. 2 EL Teig daraufgeben (Seite 14), 5 bis 7 Minuten backen, bis sich oben in der Mitte der Mini-Krapfen Blasen bilden. Mit zwei Holzstäbchen wenden (Seite 14), etwa 3 Minuten backen, bis auch die zweite Seite leicht gebräunt ist.

Mini-Krapfen auf einer Platte im Ofen warm stellen.

Ergibt 21 Mini-Krapfen
für 4 bis 7 Portionen

Buttermilch-Mini-Krapfen mit Honig

150 g Weißmehl / Type 550

1½ TL Zucker

1 TL Natron

½ TL Backpulver

1 Msp frisch geriebene Muskatnuss

1 Msp Salz

2 Eier

250 ml Buttermilch

2 EL Butter, zerlassen und leicht abgekühlt

1 EL Butter, zerlassen und leicht abgekühlt

150 g Honig

Mehl, Zucker, Natron, Backpulver, Muskatnuss und Salz in einer Schüssel mischen. Eigelbe, Buttermilch und Butter in einer separaten Schüssel verrühren, mit einer Holzkelle unter das Mehl rühren.

Das Eiweiß in einer Schüssel steif schlagen, bis sich Spitzen bilden, die nicht zusammenfallen (Seite 13).

Mit einem Teigschaber ein Drittel des Eischnees unter den Teig heben, dann restlichen Eischnee unterheben, sorgfältig und gleichmäßig mischen.

Backofen auf 100 °C vorheizen.

Die Pfannenvertiefungen mit etwas zerlassener Butter einfetten, Pfanne auf der Herdplatte bei mittlerer Hitze erwärmen. Wenn sich Butterbläschen bilden, in jede Vertiefung 1 TL Honig geben, 2 EL Teig daraufgeben (Seite 14), 3 bis 5 Minuten backen, bis sich oben in der Mitte der Mini-Krapfen Blasen bilden. Mit zwei Holzstäbchen wenden (Seite 14), etwa 3 Minuten backen, bis auch die zweite Seite leicht gebräunt ist.

Mini-Krapfen auf einer Platte im Ofen warm stellen.

Ergibt 21 Mini-Krapfen
für 4 bis 7 Portionen

Streusel-Mini-Krapfen

Einige Himbeeren oder Heidelbeeren unter die Streusel mischen. Das macht die Mini-Krapfen farbig und gibt ihnen einen leicht säuerlichen Geschmack.

Pekannuss-Streusel

30 g Pekannüsse

50 g Weißmehl / Type 550

60 g Rohrohrzucker

2 EL Butter, zerlassen und leicht abgekühlt

1 Portion Grundteig, Seite 98

1 TL Zimtpulver

1 EL Butter, zerlassen und leicht abgekühlt

Puderzucker zum Bestäuben

Pekannüsse in der Bratpfanne bei mittlerer Hitze rösten, bis sie duften. Leicht abkühlen lassen. Pekannüsse hacken.

Pekannüsse, Mehl, Rohrohrzucker und Butter mischen. Es entsteht eine krümelige Masse.

Backofen auf 100 °C vorheizen.

Teig nach Rezept zubereiten, dabei Zimtpulver unter die trockenen Zutaten mischen.

Die Pfannenvertiefungen mit etwas zerlassener Butter einfetten, Pfanne auf der Herdplatte bei mittlerer Hitze erwärmen. Wenn sich Butterbläschen bilden, in jede Vertiefung 1 TL Streusel füllen. 2 EL Teig daraufgeben (Seite 14), 3 bis 5 Minuten backen, bis sich oben in der Mitte der Mini-Krapfen Blasen bilden. Mit zwei Holzstäbchen wenden (Seite 14), etwa 3 Minuten backen, bis auch die zweite Seite leicht gebräunt ist.

Mini-Krapfen auf einer Platte im Ofen warm stellen. Vor dem Servieren mit Puderzucker bestäuben.

Ergibt 21 Mini-Krapfen
für 4 bis 7 Portionen

Zitronen-Mohn-Küchlein

125 g feinstes Weißmehl / Type 405

2 EL Zucker

½ TL Backpulver

1 Msp Salz

2 Eier

250 ml Milch

1 unbehandelte Zitrone, abgeriebene Schale und 60 ml Saft

1 EL gemahlene Mohnsamen

2 EL Butter, zerlassen und leicht abgekühlt

1 EL Butter, zerlassen und leicht abgekühlt

30 g Puderzucker

Mehl, Zucker, Backpulver und Salz in einer Schüssel mischen. Eigelbe, Milch, Zitronenschale, 2 EL Zitronensaft, Mohn und Butter in einer separaten Schüssel verrühren, mit einer Holzkelle unter das Mehl rühren.

Das Eiweiß in einer Schüssel steif schlagen, bis sich Spitzen bilden, die nicht zusammenfallen (Seite 13).

Mit einem Teigschaber ein Drittel des Eischnees unter den Teig heben, dann restlichen Eischnee unterheben, sorgfältig und gleichmäßig mischen.

Backofen auf 100 °C vorheizen.

Pfannenvertiefungen mit etwas zerlassener Butter einfetten, die Pfanne auf der Herdplatte bei mittlerer Hitze erwärmen. Wenn sich Butterbläschen bilden, in jede Vertiefung 2½ EL Teig füllen (Seite 14), 3 bis 5 Minuten backen, bis sich oben in der Mitte der Küchlein Blasen bilden. Mit zwei Holzstäbchen wenden (Seite 14), etwa 3 Minuten backen, bis auch die zweite Seite leicht gebräunt ist.

Küchlein auf eine Platte legen. Restlichen Zitronensaft (2 EL) und Puderzucker glatt rühren. Küchlein auf einer Seite in die Glasur tauchen oder die Glasur darüberträufeln. Sofort servieren.

Ergibt 21 Küchlein
für 4 bis 7 Portionen

Glasierte Ingwer-Mini-Krapfen

150 g Weißmehl / Type 550
2 TL Ingwerpulver
1½ TL Zucker
1 TL Zimtpulver
½ TL Backpulver
1 Msp frisch geriebene Muskatnuss
1 Msp Salz
2 Eier
250 ml Milch
175 g dunkle Melasse
2 EL Butter, zerlassen und leicht abgekühlt

1 EL Butter, zerlassen und leicht abgekühlt

120 g Puderzucker
½ TL Vanilleextrakt
2 TL Wasser

Zutaten inklusive Salz in einer Schüssel mischen. Eigelbe, Milch, Melasse und Butter in einer separaten Schüssel verrühren, mit einer Holzkelle unter das Mehl rühren.

Das Eiweiß in einer Schüssel steif schlagen, bis sich Spitzen bilden, die nicht zusammenfallen (Seite 13).

Mit Teigschaber ein Drittel des Eischnees unter den Teig heben, restlichen Eischnee unterheben, sorgfältig und gleichmäßig mischen.

Backofen auf 100 °C vorheizen.

Pfannenvertiefungen mit etwas zerlassener Butter einfetten, die Pfanne auf der Herdplatte bei mittlerer Hitze erwärmen. Wenn sich Butterbläschen bilden, in jede Vertiefung 2 EL Teig füllen (Seite 14), 3 bis 5 Minuten backen, bis sich oben in der Mitte der Mini-Krapfen Blasen bilden. Mit zwei Holzstäbchen wenden (Seite 14), etwa 3 Minuten backen, bis auch die zweite Seite leicht gebräunt ist.

Mini-Krapfen auf einer Platte im Ofen warm stellen.

Puderzucker, Vanilleextrakt und Wasser glatt rühren. In einen Spritzbeutel mit kleinster Öffnung füllen, Mini-Krapfen damit zeichnen.

Ergibt 21 Mini-Krapfen
für 4 bis 7 Portionen

Mais-Mini-Krapfen

75 g Weißmehl / Type 550

75 g feines Maismehl

1½ TL Zucker

½ TL Backpulver

1 Msp Salz

2 Eier

250 ml Milch

2 EL Butter, zerlassen und leicht abgekühlt

1 EL Butter, zerlassen und leicht abgekühlt

Heidelbeerkompott, Seite 101

Zutaten inklusive Salz in einer Schüssel mischen. Eigelbe, Milch und Butter in einer separaten Schüssel verrühren, mit einer Holzkelle unter das Mehl rühren.

Das Eiweiß in einer Schüssel steif schlagen, bis sich Spitzen bilden, die nicht zusammenfallen (Seite 13).

Mit einem Teigschaber ein Drittel des Eischnees unter den Teig heben, dann restlichen Eischnee unterheben, sorgfältig und gleichmäßig mischen.

Backofen auf 100 °C vorheizen.

Pfannenvertiefungen mit etwas zerlassener Butter einfetten, die Pfanne auf der Herdplatte bei mittlerer Hitze erwärmen. Wenn sich Butterbläschen bilden, in jede Vertiefung 3 EL Teig füllen (Seite 14), 3 bis 5 Minuten backen, bis sich oben in der Mitte der Mini-Krapfen Blasen bilden. Mit zwei Holzstäbchen wenden (Seite 14), etwa 3 Minuten backen, bis auch die zweite Seite leicht gebräunt ist.

Mini-Krapfen auf einer Platte im Ofen warm stellen.

Die warmen Krapfen mit dem Kompott servieren.

Ergibt 21 Mini-Krapfen
für 4 bis 7 Portionen

Süße Füllung

DORCAS

Süß gefüllte Mini-Krapfen

Obst, Beeren, Zitrusfrüchte, Karamell, Schokolade und Frischkäse sind beliebte Füllungen für süße Mini-Krapfen.

Wer es noch fruchtiger oder süßer liebt, wird dazu ein Fruchtcoulis (pürierte Früchte), eine Sauce oder aromatisierte Sahne servieren.

Kirsch-Mandel-Minis

Die gerösteten Mandeln geben den Mini-Krapfen einen intensiv nussigen Geschmack. Für dieses Rezept feste Kirschen verwenden.

140 g Mandelsplitter

1 Portion Vanilleteig, Seite 99

Mandelsplitter in der Bratpfanne bei mittlerer Hitze rösten, bis sie duften. Leicht abkühlen lassen. Im Cutter / Mixerglas nicht zu fein zerkleinern, weil sie sonst zu fettig werden.

Teig nach Rezept zubereiten, dabei die Hälfte der Mandeln unter die trockenen Zutaten mischen.

1 EL Butter, zerlassen und leicht abgekühlt

Backofen auf 100 °C vorheizen.

150 g eingemachte Kirschen

Die Pfannenvertiefungen mit etwas zerlassener Butter einfetten, die Pfanne auf der Herdplatte bei mittlerer Hitze erwärmen. Restliche Mandeln in drei Portionen teilen; jeweils die Hälfte einer Portion gleichmäßig in die Vertiefungen verteilen. Wenn sich Butterbläschen bilden, 1 EL Teig in jede Vertiefung füllen (Seite 14). Vorsichtig 1 TL Kirschen in die Mitte geben, 1 EL Teig daraufgeben. Restliche Mandeln darüberstreuen. Unterseite 3 bis 5 Minuten backen, bis sich oben in der Mitte der Mini-Krapfen Blasen bilden. Mit zwei Holzstäbchen wenden (Seite 14), etwa 3 Minuten backen, bis auch die zweite Seite leicht gebräunt ist.

Mini-Krapfen auf einer Platte im Ofen warm stellen.

Ergibt 21 Mini-Krapfen
für 4 bis 7 Portionen

Brombeer-Mini-Krapfen

21 Brombeeren

1 – 2 EL Zucker

1 Portion Vanilleteig, Seite 99

1 EL Butter, zerlassen und leicht abgekühlt

Brombeerkompott, siehe Heidelbeerkompott, Seite 101

Teig nach Rezept zubereiten.

Die Brombeeren mit dem Zucker mischen.

Backofen auf 100 °C vorheizen.

Die Pfannenvertiefungen mit etwas zerlassener Butter einfetten, die Pfanne auf der Herdplatte bei mittlerer Hitze erwärmen. Wenn sich Butterbläschen bilden, 1 EL Teig in jede Vertiefung füllen (Seite 14). Eine Brombeere in die Mitte setzen, 1 EL Teig daraufgeben. Unterseite 3 bis 5 Minuten backen, bis sich oben in der Mitte der Mini-Krapfen Blasen bilden. Mit zwei Holzstäbchen wenden (Seite 14), etwa 3 Minuten backen, bis auch die zweite Seite leicht gebräunt ist.

Mini-Krapfen auf einer Platte im Ofen warm stellen.

Warme Mini-Krapfen mit dem Brombeerkompott servieren.

Ergibt 21 Mini-Krapfen
für 4 bis 7 Portionen

Mini-Krapfen mit Himbeerkonfitüre

Beim Ausbacken der Mini-Krapfen dringt die Konfitüre durch die Teigrisse und überzieht das Gebäck mit einer sirupartigen Glasur.

1 Portion Grundteig, Seite 98

150 g Himbeerkonfitüre

1 EL Butter, zerlassen und leicht abgekühlt

Teig nach Rezept zubereiten.

Backofen auf 100 °C vorheizen.

Die Pfannenvertiefungen mit etwas zerlassener Butter einfetten, die Pfanne auf der Herdplatte bei mittlerer Hitze erwärmen. Wenn sich Butterbläschen bilden, 1 EL Teig in jede Vertiefung füllen (Seite 14). Vorsichtig 1 TL Himbeerkonfitüre in die Mitte geben, 1 EL Teig daraufgeben. Unterseite 3 bis 5 Minuten backen, bis sich oben in der Mitte der Mini-Krapfen Blasen bilden. Mit zwei Holzstäbchen wenden (Seite 14), etwa 3 Minuten backen, bis auch die zweite Seite ein wenig gebräunt ist.

Mini-Krapfen auf einer Platte im Ofen warm stellen.

Ergibt 21 Mini-Krapfen
für 4 bis 7 Portionen

Fruchtgelee-Mini-Krapfen

1 Portion Vanilleteig, Seite 99

150 g Erdbeer- oder Weintraubengelee

1 EL Butter, zerlassen und leicht abgekühlt

3 TL sehr feiner Zucker

Teig nach Rezept zubereiten.

Backofen auf 100 °C vorheizen.

Die Pfannenvertiefungen mit etwas zerlassener Butter einfetten, die Pfanne auf der Herdplatte bei mittlerer Hitze erwärmen. Wenn sich Butterbläschen bilden, 1 EL Teig in jede Vertiefung füllen (Seite 14). 1 TL Erdbeer- oder Traubengelee in die Mitte setzen, 1 EL Teig daraufgeben. Unterseite 3 bis 5 Minuten backen, bis sich oben in der Mitte der Mini-Krapfen Blasen bilden. Mit zwei Holzstäbchen wenden (Seite 14), etwa 3 Minuten backen, bis auch die zweite Seite leicht gebräunt ist.

Mini-Krapfen auf einer Platte im Ofen warm stellen. Unmittelbar vor dem Servieren mit Zucker bestreuen.

Ergibt 21 Mini-Krapfen
für 4 bis 7 Portionen

Apfelküchlein

In Dänemark werden «Æbleskiver» auf Märkten angeboten und bei geselligen Treffen und zu Hause zur Weihnachtszeit gereicht. Bei der Variation mit der Apfelfüllung handelt es sich um das urtypische dänische Rezept.

Apfelfüllung

60 g Butter

3 EL Zucker

1 Msp Zimtpulver

1 Msp frisch geriebene Muskatnuss

1 Prise Salz

2 grüne Äpfel, z. B. Granny Smith

1 Portion Vanilleteig, Seite 99

1 EL Butter, zerlassen und leicht abgekühlt

Puderzucker zum Bestäuben

Für die Füllung Äpfel schälen, vierteln und entkernen, Fruchtviertel klein würfeln. Butter bei mittlerer Hitze zerlassen. Zucker, Zimtpulver, Muskatnuss und Salz hinzufügen, köcheln lassen, bis sich der Zucker aufgelöst hat, Äpfel zugeben, bei schwacher Hitze weich dünsten. Beiseite stellen.

Teig nach Rezept zubereiten.

Backofen auf 100 °C vorheizen.

Die Pfannenvertiefungen mit etwas zerlassener Butter einfetten, die Pfanne auf der Herdplatte bei mittlerer Hitze erwärmen. Wenn sich Butterbläschen bilden, 1 EL Teig in jede Vertiefung füllen (Seite 14). 1 EL gedünstete Äpfel in die Mitte setzen, 1 EL Teig daraufgeben. Unterseite 3 bis 5 Minuten backen, bis sich oben in der Mitte der Apfelküchlein Blasen bilden. Die Küchlein mit zwei Holzstäbchen wenden (Seite 14), etwa 3 Minuten backen, bis auch die zweite Seite ein wenig gebräunt ist.

Apfelküchlein auf einer Platte im Ofen warm stellen. Vor dem Servieren mit Puderzucker bestäuben.

Ergibt 21 Apfelküchlein
für 4 bis 7 Portionen

Bananen-Mini-Krapfen

Mit dieser exotischen Variation machen Sie Furore!

Bananenfüllung

2 reife Bananen

60 g Rohrohrzucker

1 Msp frisch geriebene Muskatnuss

1 Prise Salz

2 EL Butter

1 Portion Vanilleteig, Seite 99

1 EL Butter, zerlassen und leicht abgekühlt

Rumsauce, Seite 101

Vanillesahne, Seite 103

Bananen schälen und zerkleinern, in einer Schüssel mit Rohrohrzucker, Muskatnuss und Salz gut vermengen. In einer Pfanne Butter bei mittlerer Hitze zerlassen, Bananen zugeben, etwa 5 Minuten dünsten, bis sie dickflüssig sind.

Teig nach Rezept zubereiten.

Backofen auf 100 °C vorheizen.

Pfannenvertiefungen mit etwas zerlassener Butter einfetten, Pfanne auf der Herdplatte bei mittlerer Hitze erwärmen. Wenn sich Butterbläschen bilden, 1 EL Teig in jede Vertiefung füllen (Seite 14). 1 TL Banane in die Mitte setzen, 1 EL Teig daraufgeben. Unterseite 3 bis 5 Minuten backen, bis sich oben in der Mitte der Mini-Krapfen Blasen bilden. Mit zwei Holzstäbchen wenden (Seite 14), etwa 3 Minuten backen, bis auch die zweite Seite leicht gebräunt ist.

Mini-Krapfen auf einer Platte im Ofen warm stellen.

Warme Mini-Krapfen mit der Rumsauce beträufeln, mit Vanillesahne garnieren. Sofort servieren.

Ergibt 21 Mini-Krapfen
für 4 bis 7 Portionen

Orangencreme-Krapfen

Viel besser als Haferbrei und weniger aufwendig als Waffeln – die Krapfen passen wunderbar zum Frühstück. Für ein Dessert die Füllung mit etwas Orangenlikör verfeinern und mit Honig beträufeln.

170 g Frischkäse
1 Bio-Orange, abgeriebene Schale
1 TL Puderzucker

Frischkäse, Orangenschale und Puderzucker verrühren.

1 Portion Orangenteig, Seite 100

Teig nach Rezept zubereiten.

Backofen auf 100 °C vorheizen.

1 EL Butter, zerlassen und leicht abgekühlt

Die Pfannenvertiefungen mit etwas zerlassener Butter einfetten, die Pfanne auf der Herdplatte bei mittlerer Hitze erwärmen. Wenn sich Butterbläschen bilden, 1 EL Teig in jede Vertiefung füllen (Seite 14). 1 TL Frischkäse in die Mitte setzen, 1 EL Teig daraufgeben. Unterseite 3 bis 5 Minuten backen, bis sich oben in der Mitte der Krapfen Blasen bilden. Mit zwei Holzstäbchen wenden (Seite 14), etwa 3 Minuten backen, bis auch die zweite Seite leicht gebräunt ist.

Puderzucker zum Bestäuben

Orangencreme-Krapfen auf einer Platte im Ofen warm stellen. Vor dem Servieren mit Puderzucker bestäuben.

Ergibt 21 Mini-Krapfen
für 4 bis 7 Portionen

Mini-Krapfen mit Lemoncurd

Lemoncurd (Zitronencreme)

2 Bio-Zitronen,
1 EL abgeriebene Schale für den Grundteig,
2 EL Saft für die Creme

90 g Zucker

2 Eier

3 Eigelbe

60 g Butter

1 Portion Grundteig, **Seite 98**

1 EL Butter, zerlassen und leicht abgekühlt

Puderzucker zum Bestäuben

Für die Zitronencreme sämtliche Zutaten in einer Schüssel verrühren und über dem kochenden Wasserbad zu einer cremigen, dicklichen Masse aufschlagen; sie soll einen Löffel gut überziehen. Schüssel mit Frischhaltefolie verschließen. Mindestens 3 Stunden in den Kühlschrank stellen.

Teig nach Rezept zubereiten, dabei Zitronenschale unter die feuchten Zutaten rühren.

Backofen auf 100 °C vorheizen.

Die Pfannenvertiefungen mit etwas zerlassener Butter einfetten, die Pfanne auf der Herdplatte bei mittlerer Hitze erwärmen. Wenn sich Butterbläschen bilden, 1 EL Teig in jede Vertiefung füllen (Seite 14). 1 TL Zitronencreme in die Mitte setzen, 1 EL Teig daraufgeben. Unterseite 3 bis 5 Minuten backen, bis sich oben in der Mitte der Mini-Krapfen Blasen bilden. Mit zwei Holzstäbchen wenden (Seite 14), etwa 3 Minuten backen, bis auch die zweite Seite leicht gebräunt ist.

Mini-Krapfen auf einer Platte im Ofen warm stellen. Vor dem Servieren mit Puderzucker bestäuben.

Ergibt 21 Mini-Krapfen
für 4 bis 7 Portionen

Mini-Krapfen mit Erdbeeren

250 g Erdbeeren
3 TL Zucker
wenig Kirsch

Erdbeeren entstielen und in Scheiben schneiden, mit Zucker und Kirsch mischen.

1 Portion Vanilleteig, Seite 99
½ TL frisch geriebene Muskatnuss

Teig nach Rezept zubereiten, dabei die Muskatnuss unter die trockenen Zutaten mischen.

Backofen auf 100 °C vorheizen.

wenig Erdbeerkonfitüre

1 EL Butter, zerlassen und leicht abgekühlt

Die Pfannenvertiefungen mit etwas zerlassener Butter einfetten, die Pfanne auf der Herdplatte bei mittlerer Hitze erwärmen. Wenn sich Butterbläschen bilden, 2 EL Teig in jede Vertiefung füllen (Seite 14), wenig Erdbeerkonfitüre in die Mitte setzen, 1 EL Teig daraufgeben. Unterseite 3 bis 5 Minuten backen, bis sich oben in der Mitte der Mini-Krapfen Blasen bilden. Mit zwei Holzstäbchen wenden (Seite 14), etwa 3 Minuten backen, bis auch die zweite Seite ein wenig gebräunt ist.

Mini-Krapfen auf einer Platte im Ofen warm stellen.

Vanillesahne, Seite 103

Warme Mini-Krapfen in Dessertschalen anrichten. Erdbeeren mit Marinade darüber verteilen, mit Vanillesahne garnieren.

Ergibt 21 Mini-Krapfen
für 4 bis 7 Portionen

Mini-Krapfen mit Frischkäse

170 g Frischkäse, Zimmertemperatur
1 TL Puderzucker
½ TL Vanilleextrakt

Frischkäse, Puderzucker und Vanilleextrakt glatt rühren.

1 Portion Vanilleteig, Seite 99
1 TL Zimtpulver
1 Msp frisch geriebene Muskatnuss

Teig nach Rezept zubereiten, dabei Zimtpulver und Muskatnuss unter die trockenen Zutaten mischen.

Backofen auf 100 °C vorheizen.

1 EL Butter, zerlassen und leicht abgekühlt

Die Pfannenvertiefungen mit etwas zerlassener Butter einfetten, die Pfanne auf der Herdplatte bei mittlerer Hitze erwärmen. Wenn sich Butterbläschen bilden, 1 EL Teig in jede Vertiefung füllen (Seite 14). 1 TL Frischkäse in die Mitte setzen, 1 EL Teig daraufgeben. Unterseite 3 bis 5 Minuten backen, bis sich oben in der Mitte der Mini-Krapfen Blasen bilden. Mit zwei Holzstäbchen wenden (Seite 14), etwa 3 Minuten backen, bis auch die zweite Seite leicht gebräunt ist.

Mini-Krapfen auf einer Platte im Ofen warm stellen.

2 TL Puderzucker
1 TL Zimtpulver

Puderzucker und Zimtpulver mischen, Mini-Krapfen bestäuben.

Ergibt 21 Mini-Krapfen
für 4 bis 7 Portionen

Erdnussbutter-Krapfen mit Gelee

Die Krapfen lassen Kinderherzen höher schlagen! Zum köstlich nussig-buttrigen Teig passen auch viele anderen Füllungen, etwa Sahnekaramellsplitter, Schokoladensauce oder Marshmallows.

150 g Weißmehl / Type 550

1½ TL Zucker

½ TL Backpulver

1 Msp Salz

2 Eier

250 ml Milch

150 g cremige Erdnussbutter

2 EL Butter, zerlassen und leicht abgekühlt

150 g Weintraubengelee oder Erdbeerkonfitüre oder eingelegte Früchte nach Wahl

1 EL Butter, zerlassen und leicht abgekühlt

Trockene Zutaten in einer Schüssel mischen. Eigelbe, Milch, Erdnussbutter und flüssige Butter in einer separaten Schüssel verrühren, mit einer Holzkelle unter das Mehl rühren.

Das Eiweiß in einer Schüssel steif schlagen, bis sich Spitzen bilden, die nicht zusammenfallen (Seite 13).

Mit einem Teigschaber ein Drittel des Eischnees unter den Teig heben, dann restlichen Schnee unterheben, sorgfältig und gleichmäßig mischen.

Backofen auf 100 °C vorheizen.

Die Pfannenvertiefungen mit etwas zerlassener Butter einfetten, die Pfanne auf der Herdplatte bei mittlerer Hitze erwärmen. Wenn sich Butterbläschen bilden, 1 EL Teig in jede Vertiefung füllen (Seite 14), 1 TL Gelee oder eingelegte Früchte in die Mitte setzen, 1 EL Teig daraufgeben. Unterseite 3 bis 5 Minuten backen, bis sich oben in der Mitte der Krapfen Blasen bilden. Mit zwei Holzstäbchen wenden (Seite 14), etwa 3 Minuten backen, bis auch die zweite Seite ein wenig gebräunt ist.

Mini-Krapfen auf einer Platte im Ofen warm stellen.

Ergibt 21 Mini-Krapfen
für 4 bis 7 Portionen

Dattel-Mini-Krapfen

Das Rezept erinnert an einen englischen Dessertklassiker. Die Krapfen werden mit rumgetränkten Datteln gefüllt, gekrönt wird das Ganze mit Schlagrahm und Toffeesauce.

Dattelfüllung

90 g Datteln, entsteint

½ TL Vanilleextrakt

1 Schuss brauner Rum

3 EL Rohrohrzucker

½ TL Natron

1 Prise Salz

80 ml kochendes Wasser

60 g leicht geröstete, gehackte Pekannüsse

1 Portion Grundteig, Seite 98

1 EL Butter, zerlassen und leicht abgekühlt

Schlagsahne

Toffeesauce, Seite 102

Datteln, Vanilleextrakt, Rum, Zucker, Natron und Salz in einer Schüssel mischen, Wasser dazugießen, 15 Minuten stehen lassen. Pürieren. Pekannüsse unterrühren.

Teig nach Rezept zubereiten.

Backofen auf 100 °C vorheizen.

Die Pfannenvertiefungen mit etwas zerlassener Butter einfetten, die Pfanne auf der Herdplatte bei mittlerer Hitze erwärmen. Wenn sich Butterbläschen bilden, 1 EL Teig in jede Vertiefung füllen (Seite 14), 1 TL Dattelpüree in die Mitte setzen, 1 EL Teig daraufgeben. Unterseite 3 bis 5 Minuten backen, bis sich oben in der Mitte der Mini-Krapfen Blasen bilden. Mit zwei Holzstäbchen wenden (Seite 14), etwa 3 Minuten backen, bis auch die zweite Seite leicht gebräunt ist.

Mini-Krapfen auf einer Platte im Ofen warm stellen.

Einen Teil der Toffeesauce auf Dessertschalen verteilen, Mini-Krapfen dazugeben, mit einem Klecks Schlagsahne bedecken, mit der Toffeesauce überziehen.

Ergibt 21 Mini-Krapfen
für 4 bis 7 Portionen

Mini-Krapfen mit Kuvertüre

Die Kuvertüre eignet sich zum Füllen und Garnieren von Mini-Krapfen ebenso gut wie zum Überziehen von Torten. Für mehr Schokoladengenuss mit Schokoladensauce und Vanillesahne servieren.

Kuvertüre

175 g Zartbitterschokolade, gehackt

250 ml Sahne

1 Portion Grundteig, Seite 98

1 EL Butter, zerlassen und leicht abgekühlt

Schokolade in eine Schüssel geben. Sahne bei mittlerer Temperatur erwärmen, nicht kochen, über die Schokolade gießen, zu einer glatten Masse rühren. Nach dem Abkühlen mindestens eine Stunde oder noch besser über Nacht in den Kühlschrank stellen.

Teig nach Rezept zubereiten.

Backofen auf 100 °C vorheizen.

Die Pfannenvertiefungen mit etwas zerlassener Butter einfetten, die Pfanne auf der Herdplatte bei mittlerer Hitze erwärmen. Wenn sich Butterbläschen bilden, 1 EL Teig in jede Vertiefung füllen (Seite 14), ½ TL Kuvertüre in die Mitte setzen, 1 EL Teig daraufgeben. Unterseite 3 bis 5 Minuten backen, bis sich oben in der Mitte der Mini-Krapfen Blasen bilden. Mit zwei Holzstäbchen wenden (Seite 14), etwa 3 Minuten backen, bis auch die zweite Seite leicht gebräunt ist.

Mini-Krapfen auf einer Platte im Ofen warm stellen.

Ergibt 21 Mini-Krapfen
für 4 bis 7 Portionen

Kürbis-Mini-Krapfen

Wer es üppiger mag, bereitet etwas mehr Füllung zu, verfeinert sie mit einem Esslöffel extrafeinem Zucker und verwendet sie als Haube.

50 g Biskuitstreusel (Seite 104)

50 g Weißmehl / Type 550

60 g Rohrohrzucker

1 EL Gewürzmischung (je 1 Prise Muskatnuss, Gewürznelken, Ingwer, Piment und Zimt)

½ TL Backpulver

1 Msp Salz

2 Eier

450 ml gesüßte Kondensmilch

2 EL Butter, zerlassen und leicht abgekühlt

450 g mehliges Kürbisfleisch

1 EL Butter, zerlassen und leicht abgekühlt

Puderzucker zum Bestäuben

Kürbis in Würfelchen schneiden, im Dampf weich garen, pürieren. Ein Sieb mit einem Baumwolltuch / Mulltuch auslegen, Püree hineingeben und abtropfen lassen.

Biskuitstreusel, Mehl, Zucker, Gewürzmischung, Backpulver und Salz in einer Schüssel mischen. Eigelbe, Kondensmilch und Butter in einer separaten Schüssel verrühren, mit einer Holzkelle unter die Mehlmischung rühren.

Das Eiweiß in einer Schüssel steif schlagen, bis sich Spitzen bilden, die nicht zusammenfallen (Seite 13).

Eischnee und Kürbispüree abwechselnd unter die Teigmasse heben.

Backofen auf 100 °C vorheizen.

Die Pfannenvertiefungen mit etwas zerlassener Butter einfetten, die Pfanne auf der Herdplatte bei mittlerer Hitze erwärmen. Wenn sich Butterbläschen bilden, 2 EL Teig in jede Vertiefung füllen (Seite 14). Unterseite 3 bis 5 Minuten backen, bis sich oben in der Mitte der Mini-Krapfen Blasen bilden. Mit zwei Holzstäbchen wenden (Seite 14), etwa 3 Minuten backen, bis auch die zweite Seite leicht gebräunt ist.

Mini-Krapfen auf einer Platte im Ofen warm stellen. Vor dem Servieren mit Puderzucker bestäuben.

Ergibt 21 Mini-Krapfen
für 4 bis 7 Portionen

Trendsetter

Die Mini-Krapfen mit amerikanischem Touch. Dem Schokodip kann für mehr Aroma ein Teelöffel Instantkaffee zugegeben werden.

50 g Biskuitstreusel (Seite 104)

50 g Weißmehl / Mehltype 550

1½ TL Zucker

½ TL Backpulver

1 Msp frisch geriebene Muskatnuss

1 Msp Salz

2 Eier

250 ml Milch

2 EL Butter, zerlassen und leicht abgekühlt

30 g Marshmallowcreme

1 EL Butter, zerlassen und leicht abgekühlt

Schokoladendip, Seite 102

Biskuitstreusel, Mehl, Zucker, Backpulver, Muskatnuss und Salz in einer Schüssel mischen. Eigelbe, Milch und Butter in einer separaten Schüssel verrühren, mit einer Holzkelle unter die Mehlmischung rühren.

Das Eiweiß in einer Schüssel steif schlagen, bis sich Spitzen bilden, die nicht zusammenfallen (Seite 13). Etwa ein Drittel des Eischnees unter die Masse heben, dann sorgfältig den restlichen Schnee unterheben.

Backofen auf 100 °C vorheizen.

Die Pfannenvertiefungen mit etwas zerlassener Butter einfetten, die Pfanne auf der Herdplatte bei mittlerer Hitze erwärmen. Wenn sich Butterbläschen bilden, 1 EL Teig in jede Vertiefung füllen (Seite 14). Zwei Teelöffel in kaltes Wasser tauchen und vorsichtig etwa 1 TL Marshmallowcreme in die Mitte setzen, 1 EL Teig daraufgeben. Unterseite 3 bis 5 Minuten backen, bis sich oben in der Mitte der Mini-Krapfen Blasen bilden. Mit zwei Holzstäbchen wenden (Seite 14), etwa 3 Minuten backen, bis auch die zweite Seite leicht gebräunt ist.

Mini-Krapfen auf einer Platte im Ofen warm stellen. Vor dem Servieren mit dem Schokoladendip beträufeln.

Ergibt 21 Mini-Krapfen
für 4 bis 7 Portionen

Karamell-Pekannuss-Bömbchen

Mit der buttrigen Karamellfüllung schmecken diese Mini-Krapfen wie eine Mischung aus Kaffeekuchen und Schokoriegel. Als einfache, aber edle Garnitur kann man sie mit Puderzucker statt mit Salz bestäuben.

120 g Pekannüsse

1 Portion Vanilleteig, Seite 99

Pekannüsse in der Bratpfanne bei mittlerer Hitze rösten, bis sie duften. Leicht abkühlen lassen. Im Cutter oder Mixer zu groben Streuseln zerkleinern.

Teig nach Rezept zubereiten, dabei Pekanstreusel unter die trockenen Zutaten mischen.

1 EL Butter, zerlassen und leicht abgekühlt

100 ml Karamellsauce, Seite 103

Backofen auf 100 °C vorheizen.

Die Pfannenvertiefungen mit etwas zerlassener Butter einfetten, die Pfanne auf der Herdplatte bei mittlerer Hitze erwärmen. Wenn sich Butterbläschen bilden, 1 EL Teig in jede Vertiefung füllen (Seite 14). 1 TL Karamellsauce in die Mitte setzen, 1 EL Teig daraufgeben. Unterseite 3 bis 5 Minuten backen, bis sich oben in der Mitte der Mini-Krapfen Blasen bilden. Mit zwei Holzstäbchen wenden (Seite 14), etwa 3 Minuten backen, bis auch die zweite Seite leicht gebräunt ist.

Karmaellsauce zum Beträufeln

grobes Meersalz

Bömbchen auf einer Platte im Ofen warm stellen. Vor dem Servieren mit Karamellsauce beträufeln und mit dem Meersalz bestreuen.

Ergibt 21 Mini-Krapfen
für 4 bis 7 Portionen

Schokoladen-Mini-Krapfen

350 g Zartbitter-schokolade

1 Portion Vanilleteig, Seite 99

1 EL Butter, zerlassen und leicht abgekühlt

Puderzucker

Schokolade in Stücke brechen, in eine Schüssel geben und über kochendem Wasser unter Rühren schmelzen lassen. Abkühlen lassen.

Teig nach Rezept zubereiten, die Hälfte der flüssigen Schokolade unter die feuchten Zutaten rühren.

Backofen auf 100 °C vorheizen.

Die Pfannenvertiefungen mit etwas zerlassener Butter einfetten, die Pfanne auf der Herdplatte bei mittlerer Hitze erwärmen. Wenn sich Butterbläschen bilden, 1 EL Teig in jede Vertiefung füllen (Seite 14). 1 TL Schokolade in die Mitte setzen, 1 EL Teig daraufgeben. Unterseite 3 bis 5 Minuten backen, bis sich oben in der Mitte der Mini-Krapfen Blasen bilden. Mit zwei Holzstäbchen wenden (Seite 14), etwa 3 Minuten backen, bis auch die zweite Seite leicht gebräunt ist.

Mini-Krapfen auf einer Platte im Ofen warm stellen. Vor dem Servieren mit Puderzucker bestäuben.

Ergibt 21 Mini-Krapfen
für 4 bis 7 Portionen

Pikante Füllung

Pikant und sättigend

Würzige Mini-Krapfen sind beliebt als Snack, Appetizer, Vorspeise und außergewöhnliche Beilage.

Die einen werden mit Käse, Fisch oder Gemüse gefüllt, andere bekommen ihre Würze durch Zugabe von Kräutern oder Käse zum Teig. Dazu gehört häufig eine selbstgemachte Sauce zum Dippen.

Kräuter-Krapfen mit Ziegenfrischkäse

Die würzigen Krapfen harmonieren bestens mit einer Gemüsesuppe
oder als Aperitif mit einem Glas Weißwein.

1 Portion Grundteig, Seite 98

1 EL Butter, zerlassen und leicht abgekühlt

21 kleine Salbeiblätter oder
2 EL fein geschnittene Salbeiblätter oder andere Kräuter

Ziegenfrischkäse

Teig nach Rezept zubereiten.

Backofen auf 100 °C vorheizen.

Die Pfannenvertiefungen mit etwas zerlassener Butter einfetten. Pfanne auf der Herdplatte bei mittlerer Hitze erwärmen. Wenn sich Butterbläschen bilden, ein Salbeiblatt in jede Vertiefung legen, 1 EL Teig (Seite 14) einfüllen, ½ TL Ziegenfrischkäse in die Mitte geben, 1 EL Teig daraufgeben, 3 bis 5 Minuten backen, bis sich oben in der Mitte der Mini-Krapfen Blasen bilden. Mit zwei Holzstäbchen wenden (Seite 14), etwa 3 Minuten backen, bis auch die zweite Seite ein wenig gebräunt ist.

Kräuter-Krapfen auf einer Platte im Ofen warm stellen.

Ergibt 21 Mini-Krapfen
für 4 bis 7 Portionen

Popovers

Warme Mini-Krapfen mit Butter servieren, ein Traum!

1 EL Butter, zerlassen und leicht abgekühlt

150 g Weißmehl / Type 550

250 ml Milch

2 Eier

1½ TL Salz

1 EL Butter, zerlassen und leicht abgekühlt

Butter, Mehl, Milch, Eier und Salz in der Küchenmaschine oder mit dem Mixer etwa 30 Sekunden rühren. Die Schüssel mit Klarsichtfolie verschließen, Teig im Kühlschrank 30 Minuten oder bis zu 2 Stunden ruhen lassen.

Krapfenpfanne auf mittlerer Schiene bei 200 °C in den Ofen schieben und 10 bis 15 Minuten aufheizen.

Pfanne mit Topfhandschuhen aus dem Ofen nehmen. Vertiefungen mit zerlassener Butter bepinseln. Jede Vertiefung etwa zu drei Vierteln mit dem Teig füllen (nicht überfüllen!). Pfanne in den Ofen schieben, Mini-Krapfen etwa 20 Minuten backen, bis sie auf der Unterseite deutlich aufgebläht und goldbraun sind. Backofen während des Backens nicht öffnen, da die Mini-Krapfen sonst möglicherweise nicht regelmäßig aufgehen.

Mini-Krapfen auf ein Kuchengitter legen und mit einem Geschirrtuch zudecken. Warm servieren.

Ergibt 14 Mini-Krapfen
für 4 bis 6 Portionen

Minis mit Nuss, Birne und Käse

Die Drei sind auch als Füllung für Mini-Krapfen eine beliebte Kombination.

150 g Weißmehl / Type 550

½ TL Zucker

½ TL Backpulver

1 Msp Salz

2 Eier

250 ml Milch

2 EL Butter, zerlassen und leicht abgekühlt

1 EL Butter, zerlassen und leicht abgekühlt

Birnenkompott, Seite 101

30 g Walnüsse, trocken geröstet, Seite 43, gehackt

40 g zerbröckelter Gorgonzola oder Roquefort

Mehl, Zucker, Backpulver und Salz in einer Schüssel mischen. Eigelbe, Milch und Butter in einer separaten Schüssel verrühren, mit einer Holzkelle unter das Mehl rühren.

Das Eiweiß in einer Schüssel steif schlagen, bis sich Spitzen bilden, die nicht zusammenfallen (Seite 13).

Mit dem Teigschaber ein Drittel des Eischnees unter den Teig heben, restlichen Eischnee unterheben, sorgfältig und gleichmäßig mischen.

Backofen auf 100 °C vorheizen.

Die Pfannenvertiefungen mit etwas zerlassener Butter einfetten. Pfanne auf der Herdplatte bei mittlerer Hitze erwärmen. Wenn sich Butterbläschen bilden, 1 EL Teig (Seite 14) einfüllen, ½ TL Birnenkompott, wenig Nüsse und Käse in die Mitte geben, 1 EL Teig daraufgeben, 3 bis 5 Minuten backen, bis sich oben in der Mitte der Mini-Krapfen Blasen bilden. Mit zwei Holzstäbchen wenden (Seite 14), etwa 3 Minuten backen, bis auch die zweite Seite leicht gebräunt ist.

Mini-Krapfen auf einer Platte im Ofen warm stellen.

Ergibt 21 Mini-Krapfen
für 4 bis 7 Portionen

Käse-Kräpfchen

Die Kräpfchen erinnern an die kleinen Soufflés, die man aus französischen Bistros kennt. Den Vergleich mit einem großen Soufflé mit Goldkruste müssen sie dabei keineswegs scheuen!

150 g Weißmehl / Type 550

1 TL Zucker

½ TL Backpulver

1 Msp Salz

2 Eier

2 Eiweiß

250 ml Milch

2 EL Butter, zerlassen und leicht abgekühlt

120 g geriebener Gruyère

1 EL Butter, zerlassen und leicht abgekühlt

frisch gemahlener Pfeffer

Mehl, Zucker, Backpulver und Salz in einer Schüssel mischen. Eigelbe, Milch und Butter in einer separaten Schüssel verrühren, mit einer Holzkelle unter das Mehl rühren.

Die 4 Eiweiß in einer Schüssel steif schlagen, bis sich Spitzen bilden, die nicht zusammenfallen (Seite 13).

Eischnee und Gruyère in drei Portionen unter den Teig heben, sorgfältig und gleichmäßig mischen.

Backofen auf 100 °C vorheizen.

Die Pfannenvertiefungen mit etwas zerlassener Butter einfetten. Pfanne auf der Herdplatte bei mittlerer Hitze erwärmen. Wenn sich Butterbläschen bilden, 1 Prise Pfeffer in jede Vertiefung geben, 2 EL Teig (Seite 14) einfüllen, 3 bis 5 Minuten backen, bis sich oben in der Mitte der Mini-Krapfen Blasen bilden. Mit zwei Holzstäbchen wenden (Seite 14), etwa 3 Minuten backen, bis auch die zweite Seite leicht gebräunt ist.

Mini-Krapfen auf einer Platte im Ofen warm stellen.

Ergibt 21 Mini-Krapfen
für 4 bis 7 Portionen

Würzige Mais-Minis

Diese Mini-Krapfen passen bestens zu Chilis oder mexikanischen Suppen. Auch zu einer Kräutersauce machen sie eine gute Figur. Der Frischkäse bricht die Schärfe der Chili.

75 g Weißmehl / Type 550

75 g feines Maismehl

1½ TL Zucker

¾ TL Backpulver

1 Msp Salz

2 Eier

250 ml Milch

2 EL Butter, zerlassen und leicht abgekühlt

4 Schalotten, fein gewürfelt

1 eingelegte Jalapeño-Chili, Stielansatz, Samen und Scheidewände entfernt, fein gehackt

90 g Gruyère, gerieben

150 g Zuckermaiskörner, frisch oder aus dem Glas

1 EL Butter, zerlassen und leicht abgekühlt

Tomatillo-Salsa, Seite 104

Mehle, Zucker, Backpulver und Salz in einer Schüssel mischen. Eigelbe, Milch und Butter in einer separaten Schüssel verrühren, mit einer Holzkelle unter das Mehl rühren.

Das Eiweiß in einer Schüssel steif schlagen, bis sich Spitzen bilden, die nicht zusammenfallen (Seite 13).

Mit einem Teigschaber ein Drittel des Eischnees unter den Teig heben, dann restlichen Eischnee unterheben, sorgfältig und gleichmäßig mischen. Schalotten, Chili, Käse und Maiskörner vorsichtig unterheben. Darauf achten, dass die Masse nicht zusammenfällt.

Backofen auf 100 °C vorheizen.

Die Pfannenvertiefungen mit etwas zerlassener Butter einfetten. Pfanne auf der Herdplatte bei mittlerer Hitze erwärmen. Wenn sich Butterbläschen bilden, 2 EL Teig (Seite 14) einfüllen, 3 bis 5 Minuten backen, bis sich oben in der Mitte der Mini-Krapfen Blasen bilden. Mit zwei Holzstäbchen wenden (Seite 14), etwa 3 Minuten backen, bis auch die zweite Seite leicht gebräunt ist.

Mini-Krapfen auf einer Platte im Ofen warm stellen.

Ergibt 21 Mini-Krapfen
für 4 bis 7 Portionen

Kartoffel-Zwiebel-Küchlein

Butter und Sauerrahm sind willkommene Begleiter zu diesen Küchlein.
Sie sind ein idealer Snack, passen aber auch zu gebratenem Fleisch.

500 g mehlig kochende Kartoffeln

75 g Weißmehl / Type 550

½ TL Zucker

½ TL Backpulver

1 Msp Salz

1 Msp frisch gemahlener Pfeffer

2 Eier

250 ml Milch

2 EL Butter, zerlassen und leicht abgekühlt

6 Lauchzwiebeln, weiße und zartgrüne Teile, fein gehackt

1 EL Butter, zerlassen und leicht abgekühlt

Kartoffeln schälen und auf einer feinen Reibe reiben, in einem Sieb gut ausdrücken und mit Küchenpapier trocknen.

Mehl, Zucker, Backpulver, Salz und Pfeffer in einer Schüssel mischen.

Eigelbe, Milch und Butter in einer separaten Schüssel verrühren, mit einer Holzkelle unter das Mehl rühren.

Das Eiweiß in einer Schüssel steif schlagen, bis sich Spitzen bilden, die nicht zusammenfallen (Seite 13).

Mit Teigschaber ein Drittel des Eischnees unter den Teig heben, restlichen Eischnee unterheben, sorgfältig und gleichmäßig mischen. Geriebene Kartoffeln und Zwiebeln unterheben. Die Masse darf nicht zusammenfallen.

Backofen auf 100 °C vorheizen.

Die Pfannenvertiefungen mit etwas zerlassener Butter einfetten. Pfanne auf der Herdplatte bei mittlerer Hitze erwärmen. Wenn sich Butterbläschen bilden, 2 EL Teig (Seite 14) einfüllen, 3 bis 5 Minuten backen, bis sich oben in der Mitte der Küchlein Blasen bilden. Mit zwei Holzstäbchen wenden (Seite 14), etwa 3 Minuten backen, bis auch die zweite Seite leicht gebräunt ist.

Küchlein auf einer Platte im Ofen warm stellen.

Ergibt 21 Küchlein
für 4 bis 7 Portionen

Mini-Krapfen mit Thymian

Der frische Thymian schafft südlichen Flair.

150 g Weißmehl / Type 550

2½ EL gehackter frischer Thymian

½ TL Backpulver

1 Msp Salz

2 Eier

250 ml Milch

2 EL Butter, zerlassen und leicht abgekühlt

1 EL Butter, zerlassen und leicht abgekühlt

Ragout mit Pilzen und Speck, Seite 104

Mehl, Thymian, Backpulver und Salz in einer Schüssel mischen. Eigelbe, Milch und Butter in einer separaten Schüssel verrühren, mit einer Holzkelle unter das Mehl rühren.

Das Eiweiß in einer Schüssel steif schlagen, bis sich Spitzen bilden, die nicht zusammenfallen (Seite 13).

Mit dem Teigschaber ein Drittel des Eischnees unter den Teig heben, restlichen Eischnee unterheben, sorgfältig und gleichmäßig mischen.

Backofen auf 100 °C vorheizen.

Die Pfannenvertiefungen mit etwas zerlassener Butter einfetten. Pfanne auf der Herdplatte bei mittlerer Hitze erwärmen. Wenn sich Butterbläschen bilden, 1 EL Teig (Seite 14) einfüllen, 1 EL Ragout in die Mitte geben, mit 1 EL Teig abschließen, 3 bis 5 Minuten backen, bis sich oben in der Mitte der Mini-Krapfen Blasen bilden. Mit zwei Holzstäbchen wenden (Seite 14), etwa 3 Minuten backen, bis auch die zweite Seite leicht gebräunt ist.

Mini-Krapfen auf einer Platte im Ofen warm stellen.

Ergibt 21 Mini-Krapfen
für 4 bis 7 Portionen

Mini-Krapfen mit Spinat **und Feta**

Der Spinat kann durch Blattmangold, Wirz oder Grünkohl ersetzt werden.

300 g kleinblättriger Spinat

120 g feines Weißmehl / Type 405

2½ TL gehackter frischer oder 1 TL getrockneter Oregano

½ TL Zucker

½ TL Backpulver

1 Msp Salz

2 Eier

250 ml Milch

2 EL Butter, zerlassen und leicht abgekühlt

80 g zerbröckelter Feta

1 EL Butter, zerlassen und leicht abgekühlt

Spinat im Dampf zusammenfallen lassen, in einem Sieb abkühlen lassen, gut ausdrücken und hacken.

Mehl, Oregano, Zucker, Backpulver und Salz in einer Schüssel mischen. Eigelbe, Milch und Butter in einer separaten Schüssel verrühren, mit einer Holzkelle unter das Mehl rühren.

Das Eiweiß in einer Schüssel steif schlagen, bis sich Spitzen bilden, die nicht zusammenfallen (Seite 13).

Mit dem Teigschaber ein Drittel des Eischnees unter den Teig heben, restlichen Eischnee unterheben, sorgfältig und gleichmäßig mischen.

Backofen auf 100 °C vorheizen.

Die Pfannenvertiefungen mit etwas zerlassener Butter einfetten. Pfanne auf der Herdplatte bei mittlerer Hitze erwärmen. Wenn sich Butterbläschen bilden, 1 EL Teig (Seite 14) einfüllen, 1 gehäuften TL Feta in die Mitte geben, mit 1 EL Teig abschließen, 3 bis 5 Minuten backen, bis sich oben in der Mitte der Mini-Krapfen Blasen bilden. Mit zwei Holzstäbchen wenden (Seite 14), etwa 3 Minuten backen, bis auch die zweite Seite leicht gebräunt ist.

Mini-Krapfen auf einer Platte im Ofen warm stellen.

Ergibt 21 Mini-Krapfen
für 4 bis 7 Portionen

Krebs-Kräpfchen

120 g feines Weißmehl / Type 405

2 TL Meeres-früchte- / Fischgewürz

1 TL Backpulver

1 Msp Salz

2 Eier

250 ml Milch

2 EL Butter, zerlassen und leicht abgekühlt

150 g frisches Krebs-fleisch oder Fleisch von Riesengarnelen, fein zerpflückt

1 Spross Stangen-sellerie, fein gewürfelt

1 kleine Schalotte, fein gewürfelt

2½ EL gehackte glattblättrige Petersilie

½ TL Worcestersauce

1 EL Butter, zerlassen und leicht abgekühlt

Paprika-Aïoli, Seite 104

Mehl, Gewürz, Backpulver und Salz in einer Schüssel mischen. Eigelbe, Milch und Butter in einer separaten Schüssel verrühren, mit einer Holzkelle unter das Mehl rühren.

Das Eiweiß in einer Schüssel steif schlagen, bis sich Spitzen bilden, die nicht zusammenfallen (Seite 13).

Mit dem Teigschaber ein Drittel des Eischnees unter den Teig heben, restlichen Eischnee unterheben, sorgfältig und gleichmäßig mischen. Krebsfleisch, Sellerie, Schalotten, Petersilie und Worcestersauce mischen, vorsichtig unter den Teig heben. Der Teig darf nicht zusammenfallen.

Backofen auf 100 °C vorheizen.

Die Pfannenvertiefungen mit etwas zerlassener Butter einfetten. Pfanne auf der Herdplatte bei mittlerer Hitze erwärmen. Wenn sich Butterbläschen bilden, 3 EL Teig (Seite 14) einfüllen, 3 bis 5 Minuten backen, bis sich oben in der Mitte der Mini-Krapfen Blasen bilden. Mit zwei Holzstäbchen wenden (Seite 14), etwa 3 Minuten backen, bis auch die zweite Seite leicht gebräunt ist.

Mini-Krapfen auf einer Platte im Ofen warm stellen.

Ergibt 21 Mini-Krapfen
für 4 bis 7 Portionen

Gefüllte Mais-Krapfen

75 g Weißmehl / Type 550

75 g feiner, schnellkochender Maisgrieß (Polenta)

30 g frisch geriebener Parmesan

1½ TL Zucker

½ TL Backpulver

½ TL frisch gemahlener Pfeffer

1 Msp Salz

2 Eier

250 ml Milch

2 EL Butter, zerlassen und leicht abgekühlt

5–6 EL pürierte Tomaten aus Dose / Glas

1 EL Butter, zerlassen und leicht abgekühlt

Mehl, Maisgrieß, Käse, Zucker, Backpulver, Pfeffer und Salz in einer Schüssel mischen. Eigelbe, Milch und Butter in einer separaten Schüssel verrühren, mit einer Holzkelle unter das Mehl rühren.

Das Eiweiß in einer Schüssel steif schlagen, bis sich Spitzen bilden, die nicht zusammenfallen (Seite 13).

Mit dem Teigschaber ein Drittel des Eischnees unter den Teig heben, restlichen Eischnee unterheben, sorgfältig und gleichmäßig mischen.

Die Pfannenvertiefungen mit etwas zerlassener Butter einfetten. Pfanne auf der Herdplatte bei mittlerer Hitze erwärmen. Wenn sich Butterbläschen bilden, 1 EL Teig (Seite 14) einfüllen, ½ TL Tomatenpüree in die Mitte geben, mit 1 EL Teig abschließen, 3 bis 5 Minuten backen, bis sich oben in der Mitte der Mini-Krapfen Blasen bilden. Mit zwei Holzstäbchen wenden (Seite 14), etwa 3 Minuten backen, bis auch die zweite Seite leicht gebräunt ist.

Mini-Krapfen auf einer Platte im Ofen warm stellen.

Ergibt 21 Mini-Krapfen
für 4 bis 7 Portionen

Hähnchen-Krapfen

Diese Mini-Krapfen passen wunderbar zu einer Suppe – die Kinder werden begeistert sein! Das selbstgemachte Dressing besticht mit würzigem Parmesan und frischen Kräutern.

150 g Weißmehl / Type 550

½ TL Backpulver

1 Msp Salz

1 Msp frisch gemahlener Pfeffer

2 Eier

250 ml Milch

2 EL Butter, zerlassen und leicht abgekühlt

100 g gegarte Hähnchenbrust, fein gehackt oder zerpflückt

2½ EL gehackte Petersilie

1 Schalotte, klein gewürfelt

1 EL Butter, zerlassen und leicht abgekühlt

Buttermilch-Dressing, Seite 105

Mehl, Backpulver, Salz und Pfeffer in einer Schüssel mischen. Eigelbe, Milch und Butter in einer separaten Schüssel verrühren, mit einer Holzkelle unter das Mehl rühren.

Das Eiweiß in einer Schüssel steif schlagen, bis sich Spitzen bilden, die nicht zusammenfallen (Seite 13).

Mit dem Teigschaber ein Drittel des Eischnees unter den Teig heben, restlichen Eischnee unterheben, sorgfältig und gleichmäßig mischen. Fleisch, Petersilie und Schalotten vorsichtig unter den Teig heben. Der Teig darf nicht zusammenfallen.

Die Pfannenvertiefungen mit etwas zerlassener Butter einfetten. Pfanne auf der Herdplatte bei mittlerer Hitze erwärmen. Wenn sich Butterbläschen bilden, 2 EL Teig (Seite 14) einfüllen, 3 bis 5 Minuten backen, bis sich oben in der Mitte der Mini-Krapfen Blasen bilden. Mit zwei Holzstäbchen wenden (Seite 14), etwa 3 Minuten backen, bis auch die zweite Seite leicht gebräunt ist.

Mini-Krapfen auf einer Platte im Ofen warm stellen.

Ergibt 21 Mini-Krapfen
für 4 bis 7 Portionen

Mini-Krapfen mit Lachs **und Dill**

Die Krapfen sind die perfekte Ergänzung für jeden Sonntagsbrunch oder eine außergewöhnliche warme Vorspeise für eine Cocktailparty.

1 Portion Grundteig, Seite 98

½ TL frisch gemahlener Pfeffer

1 TL Zitronensaft

10 g frischer, gehackter Dill

Teig nach Rezept zubereiten, dabei den Pfeffer unter die trockenen Zutaten mischen und den Zitronensaft unter die flüssigen Zutaten rühren. Dill unter den fertigen Teig rühren.

Den Backofen auf 100 °C vorheizen.

etwa 120 g gehackter Räucherlachs

5 - 6 EL Frischkäse, Zimmertemperatur

1 EL Butter, zerlassen und leicht abgekühlt

Die Pfannenvertiefungen mit etwas zerlassener Butter einfetten. Pfanne auf der Herdplatte bei mittlerer Hitze erwärmen. Wenn sich Butterbläschen bilden, 1 EL Teig (Seite 14) einfüllen, je ½ TL Räucherlachs und Frischkäse in die Mitte geben, mit 1 EL Teig abschließen, 3 bis 5 Minuten backen, bis sich oben in der Mitte der Mini-Krapfen Blasen bilden. Mit zwei Holzstäbchen wenden (Seite 14), etwa 3 Minuten backen, bis auch die zweite Seite leicht gebräunt ist.

Mini-Krapfen auf einer Platte im Ofen warm stellen.

Ergibt 21 Mini-Krapfen
für 4 bis 7 Portionen

Mini-Krapfen mit Feigen und Prosciutto

150 g Weißmehl / Type 550
½ TL Zucker
½ TL Backpulver
1 Msp Salz
2 Eier
250 ml Milch
2 EL Butter, zerlassen und leicht abgekühlt

5 EL Feigenkonfitüre
5 EL fein gehackter Parmaschinken, knusprig gebraten

1 EL Butter, zerlassen und leicht abgekühlt

Mehl, Zucker, Backpulver und Salz in einer Schüssel mischen. Eigelbe Milch und Butter in einer separaten Schüssel verrühren, mit einer Holzkelle unter das Mehl rühren.

Das Eiweiß in einer Schüssel steif schlagen, bis sich Spitzen bilden, die nicht zusammenfallen (Seite 13).

Mit dem Teigschaber ein Drittel des Eischnees unter den Teig heben, restlichen Eischnee unterheben, sorgfältig und gleichmäßig mischen.

Den Backofen auf 100 °C vorheizen.

Die Pfannenvertiefungen mit etwas zerlassener Butter einfetten. Pfanne auf der Herdplatte bei mittlerer Hitze erwärmen. Wenn sich Butterbläschen bilden, 1 EL Teig (Seite 14) einfüllen, je ½ TL Feigenkonfitüre und Schinken in die Mitte geben, mit 1 EL Teig abschließen, 3 bis 5 Minuten backen, bis sich oben in der Mitte der Mini-Krapfen Blasen bilden.
Mit zwei Holzstäbchen wenden (Seite 14), etwa 3 Minuten backen, bis auch die zweite Seite leicht gebräunt ist.

Mini-Krapfen auf einer Platte im Ofen warm stellen.

Ergibt 21 Mini-Krapfen
für 4 bis 7 Portionen

Italienische Käse-Mini-Krapfen

Die würzigen Mini-Krapfen mit zwei italienischen Käsesorten erinnern an kleine Calzone. An einem regnerischen Nachmittag mit Kindern backen und genießen – was gibt es Schöneres?

120 g feines Weißmehl / Type 405

¾ TL Backpulver

1 Msp Salz

2 Eier

250 ml Milch

2 EL Butter, zerlassen und leicht abgekühlt

60 g frisch geriebener Parmesan

4 EL fein geschnittenes Basilikum

5 EL fein gewürfelter Mozzarella

1 EL Butter, zerlassen und leicht abgekühlt

Marinara-Sauce, Seite 105

Mehl, Backpulver und Salz in einer Schüssel mischen. Eigelbe, Milch und Butter in einer separaten Schüssel verrühren, mit einer Holzkelle unter das Mehl rühren.

Das Eiweiß in einer Schüssel steif schlagen, bis sich Spitzen bilden, die nicht zusammenfallen (Seite 13).

Mit dem Teigschaber ein Drittel des Eischnees unter den Teig heben, restlichen Eischnee mit 30 g Parmesan und Basilikum unterheben, sorgfältig und gleichmäßig mischen. Der Teig darf nicht zusammenfallen.

Backofen auf 100 °C vorheizen.

Die Pfannenvertiefungen mit etwas zerlassener Butter einfetten. Pfanne auf der Herdplatte bei mittlerer Hitze erwärmen. Wenn sich Butterbläschen bilden, ½ TL Parmesan in jede Vertiefung streuen, etwa 1 EL Teig (Seite 14) einfüllen, wenig Mozzarella daraufgeben, abschließen mit 1 EL Teig, 3 bis 5 Minuten backen, bis sich oben in der Mitte der Mini-Krapfen Blasen bilden. Mit zwei Holzstäbchen wenden (Seite 14), etwa 3 Minuten backen, bis auch die zweite Seite leicht gebräunt ist.

Mini-Krapfen auf einer Platte im Ofen warm stellen.

Ergibt 21 Mini-Krapfen
für 4 bis 7 Portionen

Basisrezepte

Variationen

Ein Grundteig, ein Teig mit Vanille- und Orangenaroma, süße und pikante Saucen, Beeren- und Obstkompott bringen noch mehr Abwechslung in die schon sehr bunte Mini-Krapfen-Bäckerei.

Grundteig

Der Grundteig kann für süße und pikante Mini-Krapfen verwendet werden.

150 g Weißmehl / Type 550

1½ TL Zucker

½ TL Backpulver

1 Msp Salz

2 Eier

250 ml Milch

2 EL Butter, zerlassen und leicht abgekühlt

Mehl, Zucker, Backpulver und Salz in einer Schüssel mischen. Eigelbe, Milch und Butter in einer separaten Schüssel verrühren, mit einer Holzkelle unter das Mehl rühren.

Das Eiweiß in einer Schüssel steif schlagen, bis sich Spitzen bilden, die nicht zusammenfallen (Seite 13).

Mit einem Teigschaber ein Drittel des Eischnees unter den Teig heben, dann restlichen Eischnee unterheben, sorgfältig und gleichmäßig mischen.

Ergibt 21 Mini-Krapfen

Vanilleteig

150 g Weißmehl / Type 550

1½ TL Zucker

½ TL Backpulver

1 Msp Salz

2 Eier

250 ml Milch

2 EL Butter, zerlassen und leicht abgekühlt

½ TL Vanilleextrakt

Mehl, Zucker, Backpulver und Salz in einer Schüssel mischen. Eigelbe, Milch, Butter und Vanilleextrakt in einer separaten Schüssel verrühren, mit einer Holzkelle unter das Mehl rühren.

Das Eiweiß in einer Schüssel steif schlagen, bis sich Spitzen bilden, die nicht zusammenfallen (Seite 13).

Mit einem Teigschaber ein Drittel des Eischnees unter den Teig heben, dann restlichen Eischnee unterheben, sorgfältig und gleichmäßig mischen.

Ergibt 21 Mini-Krapfen

Orangenteig

125 g feines Weiß-mehl / Type 405

1½ TL Zucker

½ TL Backpulver

1 Msp Salz

2 Eier

125 ml Milch

125 ml frisch gepresster Orangensaft

2 EL Butter, zerlassen und leicht abgekühlt

Mehl, Zucker, Backpulver und Salz in einer Schüssel mischen. Eigelbe, Milch, Orangensaft und Butter in einer separaten Schüssel verrühren, mit einer Holzkelle unter das Mehl rühren.

Das Eiweiß in einer Schüssel steif schlagen, bis sich Spitzen bilden, die nicht zusammenfallen (Seite 13).

Mit einem Teigschaber ein Drittel des Eischnees unter den Teig heben, dann restlichen Eischnee unterheben, sorgfältig und gleichmäßig mischen.

Ergibt 21 Mini-Krapfen

Kompotts, Saucen, Garnituren

Heidelbeerkompott

350 g Heidelbeeren

2–3 EL Wasser

2 EL Rohrohrzucker

1 Msp frisch geriebene Muskatnuss

1 Msp Vanilleextrakt

Heidelbeeren mit Wasser bei mittlerer Hitze aufkochen, Rohrohrzucker, Muskatnuss und Vanilleextrakt unterrühren, zirka 5 Minuten unter Rühren köcheln lassen, bis die Beeren platzen und Saft abgeben. Abkühlen lassen.

Birnenkompott

1 EL Butter

1 EL Rohrohrzucker

1 kleine Williams Birne

Birne schälen, vierteln, entkernen, Viertel in Würfelchen schneiden.

Butter bei mittlerer Hitze zerlassen, Zucker und Birnen zugeben, bei schwacher Hitze weichkochen. Abkühlen lassen.

Rumsauce

½ TL Maisstärke

125 ml Wasser

120 g Zucker

125 ml brauner Rum

½ TL Vanilleextrakt

1 EL Butter

Maisstärke und Wasser unter Rühren aufkochen, 5 Minuten köcheln lassen. Zucker zugeben, umrühren, nochmals einige Minuten köcheln lassen, Rum, Vanille und Butter unterrühren, einige Minuten köcheln lassen. Rumsauce abkühlen lassen.

Toffeesauce

70 g Butter
180 g Rohrohrzucker
2 EL Wasser
1 Prise Salz
125 ml Sahne
2 TL brauner Rum

Butter bei mittlerer Hitze zerlassen. Zucker, Wasser und Salz zugeben, erhitzen. Etwa 8 Minuten köcheln lassen, ab und zu rühren, die Flüssigkeit soll dicklich einkochen. Pfanne vom Herd nehmen. Sahne und Rum unterrühren, Pfanne wieder auf den Herd stellen, die Toffeesauce bei schwacher Hitze 8 Minuten köcheln lassen. Öfter rühren. Die Sauce soll die Konsistenz eines dicken Sirups bekommen.

Schokoladendip

120 g Zucker
180 ml Wasser
60 g ungesüßtes Kakaopulver
1 Msp Salz
1 TL Vanilleextrakt

Wasser und Zucker in der Pfanne glatt rühren, während 3 bis 5 Minuten unter Rühren zu einem Sirup einkochen. Kakao und Salz unterrühren, bei mittlerer Hitze unter Rühren 3 Minuten kochen lassen, bis die Masse glatt und leicht eingedickt ist. Vom Herd nehmen. Vanille unterrühren. Die Sauce dickt beim Abkühlen noch etwas ein. (Man kann die Sauce bis 3 Tage vorher zubereiten und verschlossen im Kühlschrank aufbewahren.)

Dunkle Schokoladensauce

180 g Butter, in Stücken
60 g Zartbitterschokolade, grob zerkleinert
20 g ungesüßtes Kakaopulver
250 g Zucker
1 Prise Salz
250 ml Sahne
1 TL Vanilleextrakt

Butter und Schokolade in einer Pfanne bei schwacher Hitze schmelzen, gelegentlich rühren. Pfanne vom Herd nehmen.

Kakaopulver, Zucker und Salz in einer Schüssel mischen, Butter-Schokolade unterrühren. Sahne zugeben, bei mittlerer Hitze kurz köcheln lassen. Pfanne vom Herd nehmen. Vanille unterrühren. Die Schokoladensauce dickt beim Abkühlen noch ein. (Man kann die Sauce bis 3 Tage vorher zubereiten und verschlossen im Kühlschrank aufbewahren. Vor der Weiterverarbeitung langsam erwärmen.)

Karamellsauce

370 g Zucker

3 – 4 EL Wasser

300 ml Sahne

1 Prise Salz

Zucker am besten in einem Gusseisentopf bei mittlerer Hitze etwa 5 Minuten erwärmen, bis er am Rand schmilzt. Unter Rühren mit einem Holzlöffel 3 Minuten weiterkochen, bis der Zucker geschmolzen und hellbraun ist. Wasser zugeben, rasch Deckel aufsetzen: es brodelt! Sahne zugeben, bei schwacher Hitze erwärmen, bis der Karamell geschmolzen ist. Salz zugeben. Karamellsauce in eine Schüssel gießen, unter häufigem Rühren erkalten lassen.

Für eine Füllung Karamellmasse 2 Stunden oder länger im Kühlschrank ruhen lassen, damit sie fest wird. Für eine Sauce Masse bei schwacher Temperatur erwärmen. (Man kann die Sauce bis 3 Tage vorher zubereiten und verschlossen im Kühlschrank aufbewahren.)

Vanillesahne

250 ml Sahne

1 TL Vanilleextrakt

2 EL Puderzucker

Sahne und Vanilleextrakt mit dem Mixer auf hoher Stufe cremig rühren, Puderzucker langsam darüberstäuben. Weiterrühren, bis die Sahne halb steif ist. Zudecken und bis zur Verwendung kühl stellen.

Bourbonsahne

250 ml Sahne

2 EL Bourbon-Whisky

1 TL Zucker

Sahne und Whisky mit dem Mixer auf hoher Stufe cremig rühren, Zucker einrieseln lassen und halb steif schlagen. Zudecken und bis zur Verwendung kühl stellen.

Biskuitstreusel

6 mittelgroße Vollkornbiskuits

Biskuits in einen Plastikbeutel füllen, mit dem Nudelholz zu Streuseln zerdrücken. Die Streusel können auch im Cutter oder Mixer zubereitet werden.

Tomatillo-Salsa

750 g Tomatillos aus der Dose, Haut und Stielansatz entfernt, abgespült

1 Handvoll Korianderblätter

1 Jalapeño-Chili, Stielansatz, Samen und Scheidewände entfernt

2 EL Limettensaft

je 1 Msp Salz und Zucker

Tomatillos grob hacken, auf ein Kuchenblech verteilen, im vorgeheizten Backofen auf Grillstufe 5 Minuten weich garen. In einer Schüssel abkühlen lassen.

Tomatillos, Koriander, Chili und Limettensaft zu einer Sauce mixen, mit Salz und Zucker abschmecken.

Die Tomatillo-Salsa kann im Kühlschrank 3 Tage aufbewahrt werden. Vor dem Servieren Zimmertemperatur annehmen lassen.

Pilzragout mit Speck

150 g gemischte Waldpilze

1 EL Olivenöl extra vergine

2 Knoblauchzehen, fein gewürfelt

90 g durchwachsener Speck, fein gewürfelt

125 ml Sahne

Pilze säubern, harte Stiele entfernen, klein würfeln.

Olivenöl bei mittlerer Hitze erwärmen. Speck und Knoblauch zugeben, etwa 5 Minuten dünsten. Pilze zugeben, unter gelegentlichem Rühren weichdünsten. Sahne zugeben, etwa 5 Minuten köcheln lassen, bis die Sauce leicht eingedickt ist.

Gemüsepaprika-Aïoli

1 roter Gemüsepaprika

2 Eigelbe

2 EL Zitronensaft

1 Knoblauchzehe

1 TL Kapern

180 ml Olivenöl extra vergine

Salz

frisch gemahlener Pfeffer

Gemüsepaprika ganz auf ein Backblech legen, im vorgeheizten Backofen auf Grillstufe backen, bis die Haut dunkel ist und

Blasen hat. Unter einem feuchten Tuch erkalten lassen. Gemüsepaprika schälen und halbieren, Stielansatz, Kerne und weiße Rippen entfernen, Schotenhälften zerkleinern, zu einem Püree mixen.

In der Rührschüssel der Küchenmaschine Eigelbe und Zitronensaft verrühren, Knoblauch und Kapern zugeben. Bei laufender Maschine das Olivenöl in kleinen Portionen zugeben. Es sollte eine dickliche Mayonnaise entstehen. Gemüsepaprikapüree unterziehen, Aïoli mit Salz und Pfeffer abschmecken. Bis zum Servieren kühl stellen. (Die Aïoli kann im Kühlschrank 2 Tage aufbewahrt werden.)

Buttermilch-Dressing

200 g Mayonnaise
60 ml Buttermilch
2½ EL gehackte glattblättrige Petersilie
2 EL frisch geriebener Parmesan
1 TL fein gewürfelte Zwiebeln
Salz
frisch gemahlener Pfeffer

Buttermilch und Mayonnaise glatt rühren, Petersilie, Parmesan und Zwiebeln zugeben, mit Salz und Pfeffer abschmecken. 2 bis 8 Stunden kühl stellen, damit sich die Aromen entfalten.

Marinara-Sauce

2 Knoblauchzehen, fein gewürfelt
60 ml Olivenöl extra vergine
1 Prise rote Paprikaflocken
je 1 TL getrockneter Basilikum und Oregano
1 Dose (400 g) Pelati
Salz
frisch gemahlener Pfeffer

Stielansatz der Pelati entfernen, Tomaten mit dem Saft pürieren.

Knoblauch im Olivenöl bei mittlerer Hitze andünsten, Paprika, Basilikum, Oregano und Tomaten zugeben, 20 Minuten köcheln lassen. Mit Salz und Pfeffer abschmecken.

Serviervorschläge

In Dänemark werden Mini-Krapfen traditionell als süßer Snack serviert, aber dank der abwechslungsreichen Rezepte in diesem Buch lässt sich das luftige Gebäck zu fast jeder Tageszeit genießen.

Vorspeisen

Kräuter-Krapfen mit Ziegenfrischkäse
•
Minis mit Nuss, Birne und Käse
•
Käse-Kräpfchen
•
Würzige Mais-Minis
•
Kartoffel-Zwiebel-Küchlein
•
Mini-Krapfen mit Thymian
•
Mini-Krapfen mit Spinat und Feta
•
Krebs-Kräpfchen
•
Gefüllte Mais-Krapfen
•
Hähnchen-Krapfen
•
Mini-Krapfen mit Lachs und Dill
•
Mini-Krapfen mit Feigen und Prosciutto
•
Italienische Käse-Mini-Krapfen

Snacks oder Beilagen

Klassische Mini-Krapfen
•
Zimt-Mini-Krapfen
•
Mini-Krapfen mit Schokoladentropfen
•
Kokos-Mini-Krapfen
•
Streusel-Mini-Krapfen
•
Zitronen-Mohn-Küchlein
•
Kräuter-Krapfen mit Ziegenfrischkäse
•
Popovers
•
Würzige Mais-Minis
•
Kartoffel-Zwiebel-Küchlein
•
Mini-Krapfen mit Thymian
•
Mini-Krapfen mit Spinat und Feta
•
Gefüllte Mais-Krapfen
•
Hähnchen-Krapfen
•
Italienische Käse-Mini-Krapfen

Frühstück oder Brunch

Klassische Mini-Krapfen
•
Zimt-Mini-Krapfen
•
Ahornsirup-Pekannuss-Krapfen
•
Mini-Krapfen mit Schokoladentropfen
•
Buttermilch-Mini-Krapfen mit Honig
•
Streusel-Mini-Krapfen
•
Zitronen-Mohn-Küchlein
•
Mais-Mini-Krapfen
•
Kirsch-Mandel-Minis
•
Brombeer-Mini-Krapfen
•
Mini-Krapfen mit Himbeerkonfitüre
•
Fruchtgelee-Mini-Krapfen
•
Apfelküchlein
•
Orangencreme-Krapfen
•
Mini-Krapfen mit Lemoncurd
•
Kräuter-Krapfen mit Ziegenfrischkäse
•
Käse-Kräpfchen
•
Kartoffel-Zwiebel-Küchlein
•
Mini-Krapfen mit Lachs und Dill

Desserts

Zimt-Mini-Krapfen
•
Ahornsirup-Pekannuss-Krapfen
•
Mini-Krapfen mit Schokoladentropfen
•
Kokos-Mini-Krapfen
•
Zitronen-Mohn-Küchlein
•
Glasierte Ingwer-Mini-Krapfen
•
Kirsch-Mandel-Minis
•
Brombeer-Mini-Krapfen
•
Mini-Krapfen mit Himbeerkonfitüre
•
Apfelküchlein
•
Bananen-Mini-Krapfen
•
Orangencreme-Krapfen
•
Mini-Krapfen mit Lemoncurd
•
Mini-Krapfen mit Erdbeeren
•
Dattel-Mini-Krapfen
•
Mini-Krapfen mit Kuvertüre
•
Kürbis-Mini-Krapfen
•
Trendsetter
•
Karamell-Pekannuss-Bömbchen
•
Schokoladen-Mini-Krapfen

Register

Notizen

Lizenzausgabe für Deutschland
Walter Hädeckwe Verlag, D-71263 Weil der Stadt;
www.haedecke-verlag.de
ISBN 978-3-7750-0512-8

Printed and bound in China by 1010 Printing, Ltd.

Umbruch: Print Company Verlagsges.m.b.H., Wien
Übersetzung: Veronika Knesl, Graz
Lektorat: Bettina Snowdon, Hamburg;
Léonie Schmid, Fona Verlag

Photograph Erin Kunkel
Autor und Foodstylist Kevin Crafts

DANKSAGUNG

Weldon Owen dankt folgenden Personen für ihre Unterstützung bei der Herstellung dieses Buches:
Charles Ballestamon; Carol Hacker; Julia Humes; Carrie Bradley Neves; Elizabeth Parson; Kate Washington;
und Victoria Woolard. Besonderer Dank gilt Williams-Sonoma Kitchen für das Rezept der Karamell-Pekannuss-Bömbchen.